RÉFUTATION

D'UN MEMOIRE

SUR L'HYGIÈNE PUBLIQUE.

RÉFUTATION

D'UN MÉMOIRE

SUR L'HYGIÈNE PUBLIQUE

DE LA VILLE DE RHEIMS,

Adressée aux Etudiants en Médecine.

RHEIMS,

IMPRIMERIE DE GUÉLON-MOREAU, LIBRAIRE,
PLACE ROYALE, N.° 1, AU COIN DE LA RUE TRUDAINE.

1826.

RÉFUTATION
D'UN MÉMOIRE
SUR L'HYGIÈNE PUBLIQUE
DE LA VILLE DE RHEIMS,

Adressée aux Étudiants en Médecine.

Avide des nouveautés qui ont pour but le bien général, j'ai lu attentivement un Mémoire sur l'Hygiène publique de la ville de Rheims, dédié à M. Ruinart de Brimont, maire de ladite ville ; ce titre et cette dédicace me promettaient de l'intérêt : quelle a été ma surprise, après en avoir eu fait entièrement la lecture ! Parmi quelques vérités heureusement exprimées ; parmi quelques observations pleines de justesse, combien de contradictions, de fausses allégations, d'erreurs, d'inconséquences, de présomption ; quel vain étalage de grands mots, quelle exagération ! Comment un jeune homme, à peine sorti de l'école, la tête seulement farcie de théories, de systêmes et de préjugés, sans expérience, enfin, ose-t-il s'ériger en réformateur, en donneur de conseils ? Au ton magistral et tranchant qui règne à chaque page dans ce mémoire, il est aisé de reconnaître un jeune présomptueux, dont les idées ne sont encore mûries ni par l'expérience ni par la réflexion ; c'est cependant à la lueur de ce double flambeau que doit écrire un philantrope. Quand on veut, sur un objet quelconque éclairer ses concitoyens, et solliciter la réforme de quelques abus, on doit prendre un ton plus modeste et plus circonspect, surtout quand on s'adresse à des magistrats préposés à l'administration de la salubrité publique, principal motif de l'auteur. Je lui répéterai encore, que c'est sous des formes plus réservées, plus honnêtes, qu'une plume encore très-novice, doit proposer des changements, des améliorations.

Si ce mémoire ne contenait quantité d'assertions fausses et inquiétantes, je n'aurais certainement pas pris la peine de le réfuter ; mais, comme tout, depuis le commencement jusqu'à la fin, est de nature à semer des craintes, à répandre l'épouvante dans l'imagination de tout le monde, et particulièrement dans l'esprit de ceux qui exercent certains états que notre effrayant docteur signale comme très-dangereux, ainsi que dans l'esprit de ceux qui logent près d'eux, j'ai cru devoir, pour la tranquillité générale, m'occuper de sa réfutation.

L'auteur commence par nous citer les Romains, et plusieurs autres peuples de l'antiquité, relativement à l'importance qu'ils attachaient à la salubrité publique. Ensuite il nous dit, page 8, *que les modernes sont restés en arrière à cet égard, et n'ont rien fait......* Deux lignes plus loin, page 9, *il estime que les modernes ne le cèdent pas aux peuples de l'antiquité.......*

Au sujet de la mauvaise qualité de l'air des marais, même page, il nous annonce que Rochefort *a formé le projet de changer l'influence marécageuse de ses environs* (je ne sais où il a pris cela), *et qu'il espère que nos Assemblées législatives s'occuperont bientôt du desséchement des marais inutiles......*

En parlant de la sorte, il prouve qu'il ignore tout-à-fait que, depuis très-long-temps, l'on s'occupe partout de ce desséchement; que toutes les landes ou marais qui existaient depuis Bayonne jusqu'à Bordeaux ont été entièrement desséchés depuis environ une trentaine d'années, et que ces mauvais terrains sont aujourd'hui très-bien cultivés et de grand rapport; que si Rochefort, qu'il vient de nous citer, n'a pas imité ses voisins les Bordelais, c'est que ses marais forment des salines; celles de la ville de Brouage surtout, à 2 lieues de Rochefort, sont les plus belles de la France, et produisent tous les ans un revenu considérable.

Il paraît ignorer également tout ce qui a été fait à Rheims et aux environs, relativement à la salubrité, et relativement au desséchement des marais; n'avons-nous pas converti en beaux et bons jardins potagers, non seulement tous les marais qui existaient depuis la porte de Fléchambault jusqu'à la porte de Paris, mais encore quantité d'autres? N'avons-nous pas comblé l'égout et l'étang qui infectaient les promenades depuis la porte Mars jusqu'à la porte de Paris, en construisant un canal en pierre qui charrie jusqu'à Clairmarais, les eaux qui croupissaient auparavant dans le fossé depuis la porte Cérès jusqu'à l'étang? Comment notre jeune docteur ose-t-il s'élever contre cet intéressant canal? *Je signalerai, dit-il, page 14, principalement l'égout de porte Cérès, qui charrie ses eaux bourbeuses dans une étendue de terrain d'un quart de lieue.* Il eût été probablement plus sain, selon lui, de les laisser croupir, comme auparavant, dans le fossé, puisqu'il désapprouve le canal. Je ne lui en apprendrai pas davantage sur cet article, quoique je le puisse facilement.

Nous voilà arrivés page 9, à l'importante découverte qu'il a faite à Rheims, *depuis près de deux ans qu'il y exerce, nous dit-il, l'art de guérir.* Il s'empresse de nous avertir par la voie de l'impression, *qu'il a observé que notre ville, en apparence si saine, renfermait des foyers d'infection, capables de porter atteinte aux santés les plus vigoureuses; et il est étonné que cette vérité malheureuse n'ait pas été signalée plus tôt...* J'avoue que, quoiqu'il y ait beaucoup plus de deux ans que j'exerce l'art de guérir à Rheims, je ne me serais jamais douté de cette *vérité malheureuse*, s'il n'était venu nous la révéler. Et je suis bien persuadé que quantité d'autres personnes apprendront également avec beaucoup de surprise et d'étonnement, que le fléau de la peste plane continuellement autour de nous, et qu'il ne tardera pas à éclater, si nous négligeons de suivre ses conseils. Quel bonheur pour les Rhémois, qu'il ait jeté ses regards sur leur ville, pour venir y fixer sa résidence !.....

Les différents foyers d'infection observés dans notre ville par l'auteur du Mémoire, n'existent pas seulement à Rheims; ils existent partout, dans toutes les villes grandes ou petites, et même dans beaucoup de villages. Ces foyers sont;

1.° *Les Boucheries et la Poissonnerie ;* 2.° *les Tanneries et Amidonneries ; 3.° les Usines des Teinturiers ; 4.° L'exposition à l'air libre des substances végétales ; 5.° les Ateliers de fabrique ; 6.° la malpropreté des voies publiques et les égouts.*

Avant d'entrer dans l'examen, dans la discussion de tous ces *prétendus réservoirs pestilentiels,* je vais, pour pouvoir le faire avec succès, tâcher de détruire une opinion qui, depuis long-temps a éprouvé beaucoup de contradictions; je n'aurai recours qu'au raisonnement, qu'à des faits évidents, capables d'être saisis par l'entendement le plus ordinaire, et avec ce raisonnement et ces faits incontestables, je démontrerai, je prouverai, contradictoirement à l'opinion encore assez généralement reçue, QUE LES MIASMES OU ÉMANATIONS QUI S'ÉCHAPPENT DES CORPS MORTS QUI SUBISSENT LE PROCÉDÉ NATUREL DE LA DÉCOMPOSITION, DE LA PUTRÉFACTION, ET QUI CIRCULENT LIBREMENT DANS L'ATMOSPHÈRE, NE SONT NULLEMENT NUISIBLES AUX CORPS ANIMAUX VIVANTS EXPOSÉS A LEUR ACTION; QUE LEUR PUANTEUR AFFECTE SEULEMENT LES NERFS OLFACTIFS, C'EST-A-DIRE, L'ORGANE DE L'ODORAT.

Il est aujourd'hui hors de doute pour tous ceux qui observent et raisonnent, que l'opinion contraire à ce que je viens d'avancer, ne vient que de la crédulité des faiseurs de systèmes en médecine, qui toujours copient leurs prédécesseurs, et transmettent ainsi d'âge en âge des opinions qui souvent n'ont pour fondement que des conjectures, que leurs ridicules théories, que des préjugés. Il est bien surprenant, après tout ce qui a déjà été dit et écrit par des médecins observateurs, par des Anglais surtout, et après ce que nous avons journellement sous les yeux, qu'une erreur pareille à celle que je combats, subsiste encore; qu'elle soit fortement manifestée par notre jeune docteur, depuis le commencement jusqu'à la fin de son Mémoire ; il est même évident que c'est cette opinion qui l'a déterminé à écrire.

Passons présentement en revue, analysons l'un après l'autre tous ces *gouffres pestilentiels* que nous avons cités plus haut, et pour tranquilliser les personnes que la lecture de ce ridicule écrit aurait pu inquiéter, mettons sous leurs yeux tout ce qui se passe continuellement dans ces différents *foyers d'infection*, et démontrons-leur que les dangers n'existent que dans l'imagination de notre jeune Esculape.

Les Boucheries, page 10.
Le plus grand désordre règne chez les bouchers ; j'en ai été plusieurs fois témoin : le sang et les autres parties des animaux, qui ne servent pas à la nourriture humaine, sont enfouis dans des fosses à fumier : c'est de ces gouffres pestilentiels que s'élèvent les exhalaisons malfaisantes......

Tous nos bouchers ont des tueries hors de leurs habitations ; aussitôt que l'animal est mort et dépecé, les morceaux sont enlevés et rapportés à la maison pour être vendus au public. Le sang seul et les boyaux restent à la tuerie pour faire du fumier, qui séjourne là plus ou moins long-temps, suivant la grandeur de la fosse. Les garçons bouchers restent jour et nuit enveloppés par les exhalaisons qui s'élèvent continuellement de ce fumier, et ils les respirent aussi sans cesse. Lorsqu'il s'agit de transporter dehors *ce gouffre pestilentiel*, ou ce fumier, ils le chargent sur la voiture avec celui ou ceux qui viennent le chercher pour aller le répandre sur les terres, ou le remettre encore quelque temps dans une autre fosse à la campagne ; et chose bien étonnante pour d'autres que pour moi, c'est que tout cela se fait, sans que personne s'en trouve seulement incommodé.

Il est également ridicule de dire, *que la rage vient quelquefois de ce que les chiens vont souvent exhumer de ces débris infects.......* Ces débris infects qui donnent la rage sont presque la seule nourriture des chiens de bouchers. C'est encore une grande erreur de prétendre, *que la viande qui sort de ces tueries, ne peut jamais être saine......*

Si, par tout ce que je viens déjà de rapporter, il est bien démontré que les émanations qui résultent de la putréfaction ne sont nuisibles à la santé, ni en les respirant, ni appliquées à notre extérieur ; je vais prouver qu'elles ne le sont pas davantage portées dans l'estomac. Quantité de sauvages font presque entièrement leur nourriture de chair crue, souvent à moitié corrompue; tous les animaux carnassiers ne sont pas repoussés par l'odeur d'une charogne, ils en sont au contraire attirés. Les gastronomes friands ne trouvent un lièvre ou tout autre gibier à leur goût, que lorsque les vers s'en sont emparés avant eux, lorsqu'ils sont faisandés, c'est-à-dire, lorsqu'ils ont acquis un commencement de putréfaction.

Je vais relativement au sang qui se putréfie dans la fosse à fumier, rapporter ce qu'en dit un auteur anglais.

« Un fait bien remarquable et bien connu,
» là ou les raffineries de sucre sont nom-
» breuses, est celui-ci : Les bouchers con-
» servent le sang des animaux qu'ils tuent,
» dans des baquets ouverts, renfermés dans
» de petites maisons, souvent pendant plu-
» sieurs semaines, jusqu'à ce que la quan-
» tité soit assez grande pour en fournir
» aux raffineurs. Alors on le transporte en
» cet état de putréfaction, sur des charrettes

» qui parcourent les rues, où ce sang ré-
» pand une odeur infecte, qui incommode
» beaucoup ceux qui passent auprès. Il est
» rare que les raffineurs en fassent usage
» sur-le-champ; ils le conservent dans des
» tonneaux, d'où émanent des exhalaisons
» insupportables qui remplissent la maison
» et celles d'alentour; mais, qu'en résulte-
» t-il à l'égard des ouvriers et des habitants
» des maisons voisines? rien de contraire à
» la santé. Ce fait a lieu constamment dans
» la ville de Bristol, où la plupart des rues
» sont fort étroites et les maisons encombrées
» et mal-aérées; et cependant ces exhalai-
» sons n'y causent point de maladies. Je
» parle d'après ce que j'ai vu, et d'après
» l'expérience des plus anciens raffineurs.
» En été cela est plus remarquable qu'en
» hiver. »

Un autre fait aussi frappant, et toujours en faveur de mon opinion, est celui qui suit:

« Entre Bristol et Hanham, sur les bords
» de l'Avon, est une manufacture destinée
» à convertir la chair des animaux morts
» en une substance semblable au blanc de
» baleine. Cet établissement n'étant pas

» éloigné de Willsbridge, je m'informai
» beaucoup, dit le docteur Chisholm, du
» résultat relativement à la santé des ouvriers
» qui y étaient employés et des nombreux
» habitants des alentours. Le chef d'atelier,
» Bolston, me fournit des renseignements
» qui m'ont été également confirmés par plu-
» sieurs personnes respectables. Bolston
» avait été employé pendant plusieurs années
» à cette besogne, et pendant ce temps, il
» habita au milieu des cadavres de chevaux,
» d'ânes et de chiens, dont la plupart en
» putréfaction. Il avait six ouvriers sous lui,
» et il m'assura, que ni lui, ni aucun d'eux
» n'avait été malade un seul instant. Leurs
» fonctions consistaient à dépecer ces cada-
» vres, à séparer les parties musculaires des
» os, à les déposer ensuite dans des coffres
» troués pour laisser entrer l'eau, et on les
» plongeait aussitôt dans des fosses pleines
» de ce liquide. Les entrailles et autres
» parties inutiles restaient sur le sol, où
» elles se corrompaient. Les fosses préparées
» pour la matière animale ainsi disposée,
» avaient sept pieds de profondeur, quatre
» de longueur et de largeur, et chacune
» pouvait contenir la chair de cinquante

» chevaux, outre les ânes et les chiens. On
» peut par là, se faire une idée de la quan-
» tité immense d'émanations animales que
» respiraient, et qui enveloppaient continuel-
» lement Bolston et ses ouvriers; puisqu'il
» y avait six fosses, et par conséquent environ
» 300 cadavres de chevaux et autant d'ânes
» et de chiens; exhalant plus ou moins
» leurs miasmes. Malgré cela, Bolston dé-
» clare que, quoique la puanteur fût des
» plus fortes, aucun d'eux, ni aucun des
» habitants du voisinage n'en fut incom-
» modé. »

Quant aux abattoirs, page 11, que *notre docteur prétend faussement exister partout, excepté à Rheims;* il ignore encore que c'est moins pour la salubrité que ces abattoirs ont été établis, que pour prévenir de graves accidents qui arrivaient, lorsqu'en assommant un bœuf, quelquefois il s'échappait. J'ai été témoin d'un pareil événement, il y a une quarantaine d'années, où plusieurs personnes, des vieillards et des enfants surtout, furent dangereusement blessés, et un enfant tué. Qu'il se transporte aux abattoirs à Paris, qui tous sont très-éloignés de la rivière, il y verra aussi de *grands réservoirs pestilen-*

tiels, ou cloaques ainsi nommés là, de grandes fosses pleines de fumier remué et emporté en partie tous les jours, sans qu'aucun de tous ceux qui s'occupent de ce travail, en soit incommodé.

Poissonnerie. Page 10.

Ce que j'ai dit pour les Boucheries, s'applique également à la Poissonnerie. Je ferai observer seulement, qu'il est encore dérisoire d'attribuer *aux exhalaisons désagréables du poisson, les longues convalescences des malades de l'Hôtel-Dieu,* parce que la Poissonnerie est sous les fenêtres de cet hospice.

Les *Tanneries*, page 11.

Je ne rapporterai que ce qu'en dit un auteur anglais.

« M. Newmann, tanneur très-recomman-
» dable, le plus occupé de Bristol, m'a fait
» l'amitié de me communiquer les particu-
» larités qu'on va lire sur les tanneries......
» Nos ouvriers sont en général bien portants.
» Plusieurs sont à mon service depuis 15 et
» 20 années, et je ne me rappelle pas un seul
» cas de maladie grave, survenue dans notre
» établissement. Le premier procédé de la
» tannerie consiste à mettre les peaux ra-

» mollir dans des fosses pleines d'eau, ce
» qui se répète deux ou trois fois, c'est-
» à-dire, qu'on les renouvelle jusqu'à ce que
» la puanteur soit insupportable. Après cela
» on les pend les unes près des autres dans une
» place privée d'air extérieur que nous nom-
» mons l'étuve. On les laisse en cet état jusqu'à
» ce qu'elles deviennent assez gluantes pour
» qu'on puisse en ôter le poil. Le travail de
» la putréfaction s'y fait si rapidement, qu'il
» se dégage une immense quantité d'ammo-
» niaque volatil qui picote les yeux, au point
» de faire verser des larmes à ceux qui n'y
» sont pas habitués. Les ouvriers tirent les
» peaux de l'étuve, de préférence quand il
» fait froid, et restent tout un jour dans l'é-
» tuve, sans inconvénient. »

Le même auteur dit encore:

» Le frère de M. Newmann faisant le même
» commerce à Bermondsey, m'écrit : « Bien
» loin que nos ouvriers soient sujets aux
» fièvres, c'est tout le contraire ; ils pa-
» raissent en général robustes et jouir d'une
» très-bonne santé. Dans la fabrique que je
» dirige depuis cinquante ans, et où il y a
» constamment plus de quarante ouvriers à

» l'ouvrage, ils ont toujours été bien por-
» tants; et en cela, une circonstance mérite
» attention, savoir: que ceux qui travaillent
» les peaux crues, d'où s'échappent cons-
» tamment et en abondance, des exhalai-
» sons très-puantes et ceux qui travaillent
» à la chaux et au tan, sont également
» sains. Il y a soixante tanneries à Ber-
» mondsey qui emploient environ 300 ou-
» vriers, jouissant en tout temps, l'été
» comme l'hiver, d'une parfaite santé. »

Les *Amidonneries*, page 11.

Les amidonniers, par leur manipulation, donnent aussi lieu à des exhalaisons dont la puanteur affecte très-désagréablement l'organe de l'odorat, sans que la santé de ceux qui exercent cet état, en souffre aucunement.

Les *Teinturiers*, page 11.

J'en dirai autant des émanations souvent très-rebutantes, qui s'élèvent de leurs chaudières, et des eaux qui en sortent pour se répandre dans les ruisseaux de la ville. Je conviens qu'il faut être très-habitué à toutes ces sortes d'odeurs, pour pouvoir les supporter. Mais, en même temps je le répète, l'organe de l'odorat étant toujours seul frappé, cela ne prouve-t-il pas, et d'une manière incontestable, que tous ces prétendus foyers d'infection ne produisent aucun principe nuisible à la santé, puisque sans cesse, au milieu d'eux, elle ne se dérange nullement, elle se conserve.

Les *Ateliers de Fabrique*, page 13.

Le grand nombre d'individus, la plupart très-malpropres, les différentes espèces d'exhalaisons qui s'échappent continuellement de tous les points des ateliers, et de tous les individus, altèrent nécessairement l'air, le rendent mal-sain; mais comme à toutes les heures de repas, ils sortent, l'air du dehors qu'ils vont alors respirer, suffit pour rétablir leur santé, si elle a été un peu affectée par la mauvaise odeur de l'atelier, et par l'air seulement infect, et *non empoisonné*, comme le dit et le voit partout notre docteur.

Avant de nous occuper des exhalaisons du règne végétal, démontrons encore par un seul fait, bien concluant et sans réplique, QUE LES ÉMANATIONS QUI S'ÉCHAPPENT DES CORPS MORTS, DES CADAVRES, DE CEUX QUI ENTRENT,

OU QUI SONT MÊME DÉJA EN PUTRÉFACTION, NE SONT NULLEMENT NUISIBLES A LA SANTÉ ; QU'ELLES NE LE DEVIENNENT QUE LORSQU'ELLES SE COMBINENT, LORSQU'ELLES SE MELANGENT AVEC D'AUTRES D'UNE NATURE DIFFERENTE, PRODUITES, ENGENDRÉES PAR UNE MALADIE PARTICULIÈRE A LAQUELLE LE MALADE A SUCCOMBÉ.

Je veux parler des salles de dissection, de ces lieux qui, plus que tout autre, méritent l'*épouvantable nom de gouffres pestilentiels*. Je suis surpris que notre jeune docteur, qui, par zèle pour son instruction, les a, pendant au moins quatre années, très-assidument fréquentées, n'en ait point parlé. C'est là, que l'on voit rassemblés, dans un petit espace, tous les moyens possibles d'infection : Quel spectacle effrayant ! Tout est hideux ! L'idée seule en fait frémir ! Figurez-vous des cadavres entiers, d'autres coupés par morceaux et distribués sur différentes tables, tous les viscères de l'intérieur du corps, boyaux et autres également étendus sur des tables ; dans tous les coins de la salle, des baquets pleins d'une eau rebutante par sa puanteur avec des membres en macération, pour en faire des squelettes, ou pour en conserver les os. L'air qu'on y respire est infect, sans cesse il est chargé d'une quantité considérable d'émanations qui s'échappent de tous ces débris de cadavres en putréfaction plus ou moins avancée. C'est là, que l'on voit aussi tous les étudiants rangés autour de ces tables, maniant, retournant, disséquant chacun sa partie, sans répugnance, sans s'inquiéter aucunement de sa santé; leur instruction seule les occupe. Tant de puanteur, tant d'objets révoltants seraient bien capables de porter dans leur cœur le découragement, s'ils n'étaient soutenus par le désir de s'instruire : ils savent que pour acquérir des connaissances dans cette longue, pénible et rebutante science, il faut surmonter bien des difficultés, bien des dégoûts.

Je ferai encore observer que, depuis un certain temps, les médecins font de très-fréquentes ouvertures de morts, sans craindre ni les émanations les plus fétides, qui s'échappent de l'intérieur du bas-ventre, aussitôt qu'on l'incise, qu'on met à découvert, que l'on retourne avec les mains tous les viscères qu'il renferme, ni celles qui s'exhalent aussi continuellement de l'extérieur du corps. Souvent, par ordre de la Justice, des exhumations sont ordonnées, et le médecin est requis de faire la visite du cadavre : quelquefois ce cadavre a perdu la vie depuis un mois, six semaines et même plus. La puanteur et la putréfaction sont, dans ce cas-là, arrivées au plut haut degré ; cependant, quoiqu'on en puisse dire, l'organe de l'odorat est toujours seul affecté ; jamais la santé n'en a, ni chez moi, ni chez d'autres médecins, été aucunement dérangée.

L'étude de l'anatomie, telle que je viens de la décrire, et les ouvertures de cadavres en putréfaction complète, en apparence si dangereuses pour la santé, ne lui étant indubitablement nuisibles que dans des circonstances très-rares, prouvent bien évidemment l'une et l'autre, tout ce que j'ai avancé touchant cet article et tout ce que je n'ai cessé de dire, depuis le commencement de la réfutation de ce Mémoire.

Page 12. *Un air non renouvelé devient un élément meurtrier, au lieu d'entretenir la vie.....* Oui, cela est vrai; mais, ce n'est pas, comme le dit, et comme le croit notre docteur, parce qu'*il est corrompu par les émanations nuisibles d'un grand nombre de personnes ;* c'est seulement parce qu'il est privé, parce qu'il ne contient plus d'oxygène ou air vital, indispensable à la santé, à la vie même.

Toutes les fois que plusieurs personnes sont rassemblées dans un local où l'air est renouvelé difficilement, comme dans les salles de spectacle, des mal-aises se font souvent ressentir, et se dissipent sur le champ en sortant du lieu. Il est facile d'expliquer la cause de ce léger accident que l'on voit tous les jours arriver là, et ailleurs, sans avoir recours à des émanations.

Chaque fois que nous respirons, nous portons dans nos poumons une certaine quantité de l'air atmosphérique qui nous environne constamment de toutes parts ; lorsqu'ensuite nous expirons, l'air qui revient de nos poumons ne contient plus l'oxygène ou air vital qui faisait partie de l'air atmosphérique que nous avions respiré un instant avant. Cet air vital est resté dans les poumons, pour l'entretien de la vie ;

de sorte qu'insensiblement l'air atmosphérique de l'endroit où l'on est réuni en plus ou moins grand nombre, après avoir été respiré plusieurs fois et par plusieurs personnes, ne contenant plus d'air vital, ne peut plus entretenir la santé, et dès mal-aises sont, en conséquence, les premiers accidents qui se font ressentir de la privation de cet air vital. La preuve de tout ce que je viens de dire, c'est qu'il suffit pour guérir, de respirer l'air du dehors qui, je le répète, contenant de l'air vital, fait sur le champ disparaître l'indisposition ; des émanations dangereuses n'ont, comme on le voit, aucune part à tout ce qui arrive dans cette circonstance.

Des Prisons et des Hôpitaux, page 16.

On peut tout aussi facilement, et presque de la même manière, expliquer ce qui se passe dans les prisons, dans les hôpitaux. Dans les prisons, outre la diminution d'air vital, par le manque de renouvellement d'air atmosphérique, les malheureux détenus sont aussi mal nourris, mal vêtus, rongés de chagrins, d'inquiétudes et de vermine, etc. Tout cela est indubitablement plus que suffisant pour altérer leur santé, sans toujours recourir à d s émanations putrides, pestilentielles, que notre docteur voit partout.

Quant aux hôpitaux, c'est à peu de chose près la même chose. Lorsque le malade succombe, c'est toujours à la maladie, ou au médecin qu'il faut attribuer sa mort; mais l'air de l'hôpital n'étant jamais suffisamment renouvelé, ne pouvant non plus être sain, à cause du plus ou moins grand nombre d'individus qui s'y trouvent rassemblés, les inquiétudes continuelles et de différentes espèces du malade, etc.....; tout cela, dis-je, il faut en convenir, ne contribue pas peu à aggraver la maladie, et est même quelquefois suffisant pour amener la mort, sans recourir aux émanations de tous les malades réunis dans l'hôpital, qui ont effectivement toujours lieu; mais qui n'ont qu'une très-petite part à la mort du malade, lorsqu'elle arrive.

Page 16. Les vœux qu'il forme au sujet des prisons, et la manière dont il en parle prouvent qu'il ne connaît pas les recherches, les travaux de M. Appert, sur les prisons, les hôpitaux, les établissements de bienfaisance et les Ecoles primaires. S'il en avait connaissance, il verrait que l'on s'occupe depuis long-temps de ces quatre importantes divisions de l'administration publique; si rien n'avance, c'est que M. Appert et ses collègues ne sont malheureusement point secondés, comme ils devraient l'être. C'est à tous les amis de l'humanité que s'adresse M. Appert, pour l'aider à exécuter l'entreprise difficile et courageuse dont il s'est chargé.

Page 12. *L'exposition à l'air libre des substances végétales.* . . . .

Présentement, il n'est plus question des émanations du règne animal; je reviens à celles du règne végétal. Notre docteur cherche autant qu'il le peut, à nous en effrayer également; il veut que les fosses à fumier des jardiniers soient aussi dangereuses, aussi pestilentielles que celles des bouchers. *Il déplore la funeste habitude que les jardiniers de cette ville* (comme si ailleurs on faisait autrement) *ont de laisser croupir tous les débris végétaux qui ne peuvent être vendus..... Je ne puis,* dit-il encore, *m'empêcher de signaler des abus dont la ville peut être victime.....*

Tout en le remerciant de cet avertissement, je lui dirai que le vrai de toutes ses menaces, de toutes ses craintes, c'est que, quoi qu'il en dise, tous les jardiniers qui vivent au milieu de toutes les exhalaisons végétales de leurs fumiers, n'en sont nullement incommodés, se portent très-bien.

Lorsqu'on veut aussi prendre la peine d'examiner, de suivre sans préjugés, sans exagération ce qui se passe, ce qui a lieu relativement aux émanations végétales qui, dans tous les temps de l'année, mais à l'automne principalement, s'exhalent des terrains marécageux, on est loin, dis-je, de reconnaître, comme on le dit toujours, leur constante et pernicieuse influence sur la santé : quantité d'individus n'habitent-ils pas au milieu des marais, en apparence mal-sains? Ne travaillent-ils pas pendant des saisons entières dans l'eau marécageuse de ces marais, par des temps pluvieux, durant les grandes chaleurs, sans que leur santé en soit, en aucune manière, dérangée. J'ai souvent causé avec plusieurs de ceux qui, depuis 12 à 15 ans, convertissent en tourbières les marais qui sont à deux lieues de Rheims, sur le bord de la Vesle, près du moulin de Compensé. Tous ces individus, hommes, femmes et enfants, sont tout l'été occupés, depuis la pointe du jour jusqu'à la nuit, à extraire la tourbe de l'eau la plus marécageuse possible. Ils vivent là, plusieurs même y couchent ; et qu'en résulte-t-il pour leur santé ? Rien du tout de fâcheux. Je ne puis cependant m'empêcher de convenir que les exhalaisons de ces marais, à l'automne, surtout, donnent souvent lieu à des fièvres qui ne sont d'aucun mauvais caractère, que le changement d'habitation, ou l'usage du quinquina dissipent presque toujours très-promptement.

Page 15. Je déplore, comme lui, *la cruelle fatalité* qui depuis si long-temps nous prive d'eau, de cet élément si indispensable à la vie et à la salubrité ; seule chose qui nous manque, et qui ne devrait pas nous manquer. Tous les habitants, mais particulièrement tous ceux qui occupent le haut de la ville, et qui, indépendamment des craintes continuelles du feu, qu'on ne pourrait, faute d'eau, ni arrêter, ni éteindre, si malheureusement il venait à prendre à une maison, sont aussi en été, tous les jours, forcés d'acheter très-cher de l'eau bourbeuse, qui les rend malades lorsqu'ils en boivent ; tous les habitants, dis-je, se désolent de voir que l'intéressant projet présenté, depuis près de 4 ans, au Conseil municipal, de remplacer la machine hydraulique par une pompe à feu, ne s'exécute pas. D'après ce que j'ai ouï dire, il paraît aujourd'hui que tous les obstacles qui, jusqu'à présent, s'opposaient à l'établissement de cette pompe à feu, sont entièrement levés, qu'enfin les souhaits de tous les citoyens vont être comblés, et que nous verrons bientôt jaillir de quantité de fontaines, cette eau tant désirée, cette eau plus utile, plus urgente cent fois, que tous les autres embellissements faits ou à faire. C'est alors que nous pourrons nous flatter, que nous pourrons dire que Rheims, *malgré tous les nombreux foyers d'infection que notre docteur à systèmes y a reconnus*, est peut-être la ville la plus saine de la France.

J'aurais pu très-aisément citer, rapporter encore beaucoup d'autres faits à l'appui de mon opinion, et contraires à celle que je réfute ; mais, le peu que j'ai dit sera, je l'espère, suffisant pour tous ceux qui me liront sans préjugés, sans crédulité, pour tous ceux qui, avant de croire, voudront seulement se servir de leur raison.

Le temps est passé, où la crédulité régnait sur tout. Combien de préjugés sont résultés de cette crédulité ? Presque la moitié de nos opinions, celles principalement des individus qui ne sont pas instruits, sont des opinions de préjugé. Hé ! pourquoi tant de préjugés ? C'est, parce qu'autrefois, on nous ordonnait de croire, de croire même ce qui révoltait la raison, ce qui était incroyable ; nous n'osions raisonner, et nous avions la faiblesse de croire sans examen. Heureusement, ce temps, je le répète, n'est plus, et aujourd'hui, tout ce qui ne peut supporter les regards de la raison, doit tomber. Cette raison est le plus précieux don que nous ait fait la Divinité ; nous devons donc, par reconnaissance, toujours nous en servir, avant de croire. Oui, la crédulité en médecine, comme en toute autre chose, est, soyez-en bien persuadés, le poison de la raison.

www.ingramcontent.com/pod-product-compliance
Lightning Source LLC
Chambersburg PA
CBHW060607050426
42451CB00011B/2129